BEI GRIN MACHT SICH IHR WISSEN BEZAHLT

- Wir veröffentlichen Ihre Hausarbeit, Bachelor- und Masterarbeit

- Ihr eigenes eBook und Buch - weltweit in allen wichtigen Shops

- Verdienen Sie an jedem Verkauf

Jetzt bei www.GRIN.com hochladen und kostenlos publizieren

Der Einfluss von Persönlichkeit auf die Gesundheit. Persönlichkeitsstörung und das HEXACO-Modell

Denis Pyttel

Bibliografische Information der Deutschen Nationalbibliothek:

Die Deutsche Nationalbibliothek verzeichnet diese Publikation in der Deutschen Nationalbibliografie; detaillierte bibliografische Daten sind im Internet über http://dnb.d-nb.de abrufbar.

ISBN: 9783346483041
Dieses Buch ist auch als E-Book erhältlich.

© GRIN Publishing GmbH
Nymphenburger Straße 86
80636 München

Druck und Bindung: Books on Demand GmbH, Norderstedt Germany
Gedruckt auf säurefreiem Papier aus verantwortungsvollen Quellen

Das Buch bei GRIN: https://www.grin.com/document/1118744

Einsendeaufgabe

Persönlichkeit und Gesundheit. Persönlichkeitstest. HEXACO-Modell.

abgegeben am 17.07.2021 im E-Campus

Studiengang: Wirtschaftspsychologie (B.Sc.)

von

Denis Pyttel

Studiengang: Wirtschaftspsychologie (B.Sc.)

Inhaltsverzeichnis

1 Persönlichkeitstest und Narzisstische Persönlichkeitsstörung

In der heutigen Zeit ist es gar nicht mal so einfach einen passenden Arbeitnehmer zu finden. Viele Bewerber sind fachlich gut qualifiziert, daher ist die Auswahl eine sehr Schwierige. Viele Unternehmen nutzen daher Persönlichkeitstests, um herauszufinden, ob ein potenzieller Arbeitnehmer zum Unternehmen passt oder nicht. Dabei stammen die meisten Persönlichkeitstests aus der klinischen Psychologie, welche sich vor allem mit psychischen Störungen beschäftigt. Deshalb ist die Auswahl eines passenden Tests nicht immer leicht. Dieses Kapitel beschäftigt sich daher mit Persönlichkeitstests, vor allem mit den klassischen Gütekriterien, welche das Fundament für einen wissenschaftlich sauberen Test bietet. Außerdem geht dieses Kapitel auf eine besondere Form der Persönlichkeit ein, nämlich den Persönlichkeitsstörungen, mit dem Fokus auf die narzisstische Persönlichkeitsstörung.

Persönlichkeitstest

Persönlichkeitstests kann man verwenden, um passende Arbeitnehmer in der Personalauswahl zu finden, sofern diese den wissenschaftlichen Gütekriterien entsprechen und auch nicht als einzige Beurteilungsquelle herangezogen werden. Dabei werden Persönlichkeitstests bereits vielfach im anglo-amerikanischen Bereich verwendet, während die deutschen Arbeitgeber da noch skeptischer sind (Becker, 2014, S. 68).

Das Staufenbiel Institut (2016) hat eine Umfrage bei 297 deutschen Unternehmen im Zeitraum von September bis November 2015 durchführen lassen zu den favorisierten Bewerberauswahlverfahren des Unternehmens, dabei hat man herausgefunden, dass lediglich 10% der Unternehmen Persönlichkeitstests für die Bewerberauswahl verwenden, knapp hinter Fallstudien (11%) und Online-Tests (13%).

Die Skepsis kann gut begründet sein, denn die meisten Persönlichkeitstests stammen aus der klinischen Psychologie für Krankheitsbilder und nicht für den beruflichen Kontext im Sinne der Personalauswahl (Lorenz & Rohrschneider, 2015, S. 120).

Laut Steiniger (2020, S.30) kann man Persönlichkeitstests auch in der Personal- und Führungskräfteentwicklung verwendet, um zu bestimmen, welche internen Mitarbeiter eine höhere Position übernehmen, bzw. an einem Entwicklungsprogramm teilnehmen können. Dadurch werden die Mitarbeiter nach den gleichen Kriterien bewertet und somit wird das Gerechtigkeitsempfinden gestärkt, da alle gleichbehandelt werden. Trotz der Skepsis werden Persönlichkeitstests in den Bereichen, wie Personalauswahl und Personalentwicklung angewendet, da es trotzdem gute Informationen liefert zu den potenziellen Arbeitnehmern im Sinne von Persönlichkeitseigenschaften wie z. B. Extraversion und Gewissenhaftigkeit. Man muss allerdings beachten, dass die Persönlichkeitstests den wissenschaftlichen Gütekriterien (Objektivität, Reliabilität, Validität) entsprechen, damit der Persönlichkeitstest aussagekräftig wirkt.

Gütekriterien für Persönlichkeitstests

Objektivität

Die Objektivität sagt aus, dass mehrere unterschiedliche Testanwender zu demselben Ergebnis, bei denselben Testpersonen kommen müssen (Döring & Bortz, 2016, S. 442; Moosbrugger & Kelava, 2020, S. 17 - 18).

Bei Persönlichkeitstests bedeutet dies, dass wenn mehrere Unternehmen, denselben Persönlichkeitstest bei derselben Testperson anwenden auch zu demselben Ergebnis kommen muss. Zum Beispiel, wenn Unternehmen X bei Person A die Eigenschaft „Extraversion" mit einem Persönlichkeitstest erfasst hat, dann muss Unternehmen Y bei demselben Persönlichkeitstest zum gleichen Ergebnis kommen, wie Unternehmen X.

Laut Döring und Bortz (2016, S. 442), sowie Moosbrugger und Kelava (2020, S. 17 - 18) ist die Objektivität dann erfüllt, wenn dem jeweiligen Test ein Testmanual zur Durchführung, Auswertung und Interpretation enthält und sich somit der Testanwender strikt daran halten muss ohne subjektive Beeinflussung.

Reliabilität

Die Reliabilität sagt aus, wie genau ein Test ist, also wie zuverlässig es ist. Das bedeutet auch, dass es keinen Messfehler enthalten darf (Döring & Bortz, 2016, S. 442 – 443; Moosbrugger & Kelava, 2020, S. 27).

Wenn also Unternehmen X beispielsweise einen Persönlichkeitstest anwendet und dabei bei Person A die Eigenschaft „Extraversion" ermittelt, dann versichert die Reliabilität die Genauigkeit des Ergebnisses, sodass das Ergebnis korrekt gemessen ist und somit auch Relevanz hat.

Dabei ist der Reliabilitätskoeffizient zwischen 0 und 1 angesiedelt. Ein Reliabilitätskoeffizient von 1 sagt aus, dass es keinen Messfehler gibt. Ein guter Test hat einen Reliabilitätskoeffizient von mindestens 0,7 (Moosbrugger & Kelava, 2020, S. 28).

Eine Methode der Reliabilität ist zum Beispiel die Retest-Reliabilität. Bei dieser Methode wird die gleiche Personengruppe, welche beim ersten Test gemessen wurde nach einer gewissen Zeit erneut gemessen, um herauszufinden, ob dasselbe Ergebnis erneut rauskommt. Sofern die Ergebnisse positiv korrelieren (über 0,7) dann ist die Reliabilität akzeptabel (Becker, 2014, S. 108; Moosbrugger & Kelava, 2020, S. 28).

Ein Unternehmen X kann beispielsweise einige Bewerber mit einem Persönlichkeitstest testen und nach einigen Wochen erneut denselben Persönlichkeitstest anwenden und überprüfen ob die Ergebnisse positiv korrelieren.

Validität

Die Validität ist laut Moosbrugger und Kelava (2020, S. 30) das wichtigste Gütekriterium und beschreibt, ob der Test misst, was es eigentlich auch messen soll und nichts anderes.

Dabei gibt es unterschiedliche Blickwinkel auf die Validität.

Zum einem gibt es die Inhaltsvalidität, auch logische Validität genannt, welche die einzelnen Items sich anguckt und beurteilt, ob diese vollständig sind und man diese auch versteht (Döring & Bortz, 2016, S. 446). Das heißt man sollte die Items (Fragen) auch aus unterschiedlichen Situationen betrachten, sodass das Merkmal, welches gemessen werden soll, auch repräsentativ ist (Moosbrugger & Kelava, 2020, S. 32). Dabei gibt es keinen Zahlenwert für die Items, welchen man nennen kann, deshalb sollte man sich ein inhaltliches Urteil, zum Beispiel von einem Experten einholen (Melchers, 2017, S. 59).

Wenn also beispielsweise die Eigenschaft „Extraversion" gemessen werden soll, dann sollte man alle möglichen Bereiche abdecken (Schule, Beruf, Familie, Freizeit etc.) und auch unterschiedliche Situationen abdecken (Verhalten gegenüber Freunden, Verhalten gegenüber Fremden etc.). Dies ist deshalb wichtig, da ein Mensch sich nicht unbedingt überall gleich verhält und man somit ein kumulatives Gesamtbild zu der Eigenschaft bekommt.

Bei der Kriteriumsvalidität beobachtet man ein Verhalten aus einer Situation und schließt daraus auf ein Kriterium, welches auf andere Situationen übertragen werden kann. Wenn der Testwert in der beobachteten Situation positiv korreliert mit dem Verhalten außerhalb der beobachteten Situation, dann ist das Ergebnis valide. Es ist auch dann valide, wenn die Eigenschaft mit einem anderen Testverfahren gleich gemessen wird. (Moosbrugger & Kelava, 2020, S. 33; Asendorpf, 2019, S. 60).

Das bedeutet, wenn man die Eigenschaft „Extraversion" in einer Testsituation (z. B. Gruppenarbeit) beobachtet und misst und sich dann eine andere Situation außerhalb der Beobachtung ansieht (z. B. Verhalten auf einer College-Party) und diese positiv korrelieren, dann kann man sagen, dass der Test valide ist.

Die Konstruktvalidität soll mit anderen Konstrukten korrelieren. Dabei unterscheidet man zwischen konvergenter und diskriminanter Validität. Die konvergente Validität soll mit eng verwandten Konstrukten korrelieren, während die diskriminante Validität mit entfernten verwandten Konstrukten nur gering oder gar nicht korrelieren soll (Döring & Bortz, 2016, S. 446).

Damit also ein Unternehmen X die Eigenschaft „Extraversion" bei Person A valide messen kann, muss der Persönlichkeitstest eine gute Anzahl an Items aus unterschiedlichen Perspektiven haben, es sollte verglichen werden mit beobachteter Situation (im Test) und außerhalb der beobachteten Situation, sowie gemessen werden mit Konstrukten die eng verwandt sind mit Extraversion (konvergent – hohe Korrelation) und welche entfernt verwandt sind (diskrimante Validität – niedrige/keine Korrelation).

Zu beachten gilt, dass die Messung der Validität (z. B. durch Faktorenanalysen) nicht ganz einfach ist, weshalb es aufgrund der Komplexität hier nicht weiter behandelt wird.

Sonstige Gütekriterien

Neben den klassischen drei Gütekriterien (Objektivität, Reliabilität und Validität) gibt es noch weitere Gütekriterien, welche im Folgenden nur kurz angesprochen werden. Zum einem gibt es die Normierung, welche den Zweck hat, dass eine Testperson sich vergleichen kann mit anderen Testpersonen, wie sie im Vergleich also abgeschnitten hat (Moosbrugger & Kelava, 2020, S. 22; Schwaighofer, Heene & Bühner, 2019, S. 480).

Zum Beispiel mit dem IQ, welcher einen Mittelwert von 100 hat, kann sich die Person vergleichen, ob er über- oder unterdurchschnittlich abgeschnitten hat. Ein Unternehmen kann daraus die potenziellen Arbeitnehmer vergleichen.

Es gibt auch noch einige weitere Gütekriterien, wie die Ökonomie, also die Wirtschaftlichkeit, ob ein Test den Kosten- und Zeitaufwand rechtfertigt, die Zumutbarkeit, also ob die Testpersonen nicht belastet werden, sowie die Fairness, also keine Benachteiligung bestimmter Personen (Moosbrugger & Kelava, 2020, S. 23 – 25).

Persönlichkeitsstörung

Als eine besondere Form der Persönlichkeit sollte an dieser Stelle die Persönlichkeitsstörung angesprochen werden.

Eine Persönlichkeitsstörung ist dadurch gekennzeichnet, dass diese den Betroffenen in alltäglichen Situationen beeinträchtigen kann und dadurch ein Leistungsdruck erleben. Trotz dessen können Menschen mit einer Persönlichkeitsstörung zwischen Realität und Fantasie unterscheiden und auch damit leben (Becker, 2014, S. 49).

Persönlichkeitsstörungen werden nach zwei Modellen klassifiziert nämlich das Diagnostische Statistische Manual Psychischer Störungen (kurz DSM), welches vor allem in der Forschung verwendet wird und die Internationale Klassifikation Psychischer Störungen (kurz ICD), welches vor allem im Gesundheitswesen verwendet wird (Barnow & Miano, 2020, S. 1301).

Laut DSM werden Persönlichkeitsstörungen in drei Cluster geordnet, Cluster A (paranoid, schizoide und schizotype), Cluster B (antisozial, Borderline, histrionisch, narzisstisch) und Cluster C (vermeidend-selbstunsicher, dependent und zwanghaft)

(Barnow & Miano, 2020, S. 1301; Deutsche Gesellschaft für Psychiatrie, Psychotherapie und Nervenheilkunde [DGPPN], 2009, S. 12 - 13).

Der folgende Abschnitt behandelt beispielhaft die narzisstische Persönlichkeitsstörung, deren Eigenschaften, sowie ihre Erhebung.

Narzisstische Persönlichkeitsstörung

Die Narzisstische Persönlichkeitsstörung ist durch einige Eigenschaften gekennzeichnet, so sind die Betroffen „blind" für diese Störung, sie sind in zwischenmenschlichen Konflikten verwickelt, sie haben Fantasien zu ihrer Großartigkeit, fühlen sich wichtig und einzigartig und übertreiben mit ihren Fähigkeiten. Sie haben ein Bedürfnis nach Bewunderung und ein Empathiemangel. Sie nutzen ihre Mitmenschen aus und manipulieren sie, um ihre Ziele zu erreichen. Außerdem sind sie arrogant und neidisch auf andere. (Prölß, Schnell & Koch, 2019, S. 113 – 115; Lammers, Vater & Roepke, 2013, S. 881).

Eine Person, welche eine narzisstische Persönlichkeitsstörung hat, verhält sich beispielweise im Büro arrogant, er nutzt seine Kollegen aus, um seine Ziele zu erreichen (wie z. B. eine Beförderung zu erhalten), er ist neidisch, wenn jemand anderes befördert wird. Aufgrund seines Verhaltens kommt er immer wieder mal zu Konflikten mit seinen Kollegen und aufgrund des Empathiemangels sind ihm die Gefühle seiner Kollegen egal, denn nur er hält sich für wichtig, einzigartig und glaubt er ist der Star im Büro und sollte deshalb von allen bewundert werden.

Eine Methode herauszufinden, ob man eine narzisstische Persönlichkeitsstörung hat, gelingt mit dem Narcisstic Personality Inventory (NPI). Hierbei werden Eigenschaften gemessen, wie Überheblichkeit, Einzigartigkeit, Anspruchsdenken, Eitelkeit, Autorität und Exhibitionismus. Dieses Modell ist allerdings nicht zur Diagnose geeignet, sondern misst nur wie sehr eine Person narzisstische Eigenschaften hat (Raskin & Hall, 1979; zitiert nach Becker, 2014, S. 59).

Sollte man also hohe Werte in diesen Eigenschaften besitzen (auf einer Skala), dann ist es möglich, dass man eine narzisstische Persönlichkeitsstörung hat, welche man nun mit einem Diagnoseverfahren (z. B. SKID-II) überprüfen sollte.

2 Einfluss von Persönlichkeit auf Gesundheit

Gesundheit, wohl eines der größten Wünsche, welche sich Menschen gegenseitig, zum Geburtstag, zu Sylvester oder zu Weinachten wünschen hat einen wichtigen Stellenwert in jedem von uns, denn ohne Gesundheit läuft nichts. Einfluss auf die Gesundheit nehmen viele Faktoren, unter anderem aber auch die Persönlichkeit. Deshalb beschäftigt sich dieses Kapitel mit den Grundlagen der Gesundheit und Krankheit, sowie dessen Betrachtung durch die Persönlichkeit. Außerdem geht dieses Kapitel genauer auf ein Persönlichkeitsmerkmal, nämlich der Selbstwirksamkeit, seiner Bedeutung und Anwendung ein, sowie wie Führungskräfte dies bei den Mitarbeitern mehr berücksichtigen können.

Persönlichkeit und Gesundheit

„Die Gesundheit ist ein Zustand des vollständigen körperlichen, geistigen und sozialen Wohlergehens und nicht nur das Fehlen von Krankheit oder Gebrechen" (World Health Organization [WHO], 1948, S. 1).

Laut dieser Definition reicht es also nicht auszusagen, dass wenn man gerade keine Krankheit hat, dass man dann auch gesund ist. Gesundheit geht nämlich über den Krankheitsbegriff drüber hinaus mit dem Wohlergehen bei den drei Bereichen des körperlichen, geistigen und sozialen. Also, dass man keine körperlichen Beschwerden hat, geistig keine Probleme hat, dazu kann auch gehören, wie gestresst man ist und wie man damit umgeht, sowie soziales Wohlergehen, ob man mit Freunden und Familie sich wohlfühlt, bzw. auch soziale Kontakte hat (wobei dies natürlich auch unterschiedlich ausgeprägt ist, aufgrund von Persönlichkeitseigenschaften, wie Extraversion – Introversion).

Laut Franzkowiak und Hurrelmann (2018) ist Gesundheit ein Konstrukt, welches nicht eindeutig definierbar ist. Gesundheit hat etwas mit sozialen Konstrukten zu tun. Außerdem sagen sie, dass viele Versuche Gesundheit zu definieren aus einem Gegenteil des Krankheitsbegriffs entstanden sind.

Somit ist auszugehen, dass Gesundheit immer auch etwas mit Krankheit zu tun hat, sowie mit dem Sozialen. Beim Sozialen kann man sich es so vorstellen, dass Freunde und Familie einem mental unterstützen und aufheitern, sodass man sich besser fühlen kann. Aber auch dies kommt auf die Persönlichkeit der Person an, jemand der introvertiert ist oder eine Persönlichkeitsstörung hat, welche auf wenige Kontakte setzt (z. B. schizoide Persönlichkeitsstörung), braucht diese Unterstützung auch nicht so sehr, bzw. möchte diese auch nicht haben.

Trotz der Definitionen, dass Gesundheit zum Teil als Gegenteil von Krankheit bezeichnet wird, gibt es auch Kranke, welche sich gesund fühlen können. Es ist auch ein Zeichen der Gesundheit, wenn man Störungen des Organismus gut bewältigt (Becker, 2014, S. 25).

Für die Praxis bedeutet dies, dass es chronisch Kranke Menschen geben kann, welche aufgrund von Persönlichkeitsmerkmalen (wie Optimismus) zuversichtlich sind mit der Krankheit leben zu können und bezeichnen sich somit als gesund. Denn nicht für jede Krankheit gibt es ein Heilmittel (zumindest noch nicht) und nicht jede Krankheit ist tödlich, daher ist es auch gut möglich damit leben zu können und sich als „gesund" zu bezeichnen. Der einzige Unterschied ist dann nur noch, dass Kranke ggf. häufiger zum Arzt gehen müssen und Medikamente/Therapiesitzungen o. Ä. beanspruchen müssen.

Aufgrund vieler Parallelen zum Bereich der Krankheit beschäftigt sich der nächste Abschnitt mit Krankheit und dessen Betrachtung mit Persönlichkeit.

Persönlichkeit und Krankheit

Wie bereits deutlich wurde, wird der Begriff der Gesundheit (teilweise) abgeleitet durch den Begriff der Krankheit, weshalb es wichtig ist sich die Definition von Krankheit anzusehen.

Laut Knappe und Wittchen (2020, S. 32) ist der Begriff Krankheit ebenfalls nicht eindeutig definierbar, denn auch hier gibt es unterschiedliche Perspektiven. Nach ihnen kann Krankheit als ein biologisch veränderter Zustand beschrieben werden (z. B. Tuberkulose oder Krebs), als ein Zustand von Unwohlsein, wie in Stresssituationen, es kann durch eine Krankenrolle definiert werden, wie einen Behinderungsgrad oder Frührente. Außerdem kann Krankheit durch die Diagnose eines Arztes erklärt werden. Sozialgerichte wiederum definieren Krankheit „als einen regelwidrigen Körper- und Geisteszustand, der Behandlungsbedürftigkeit und/oder Arbeitsunfähigkeit zur Folge hat" (Allgemeine Ortskrankenkasse [AOK], o. D.)

Krankheit hat also etwas mit einem körperlichen oder geistigen Zustand zu tun, welcher von der Norm abweicht, diese kann durch einen Arzt diagnostiziert werden und führt ggf. zur Arbeitsunfähigkeit, Behinderung oder Frührente.

Krankheiten können aus unterschiedlichen Gründen auftreten.

Zum einem kann eine Krankheit durch die Gene vererbt werden. Das bedeutet, dass, wenn bereits die Eltern oder Großeltern eine Krankheit hatten, man selbst diese Krankheit ebenfalls bekommen kann.

Prinzipiell muss es also nicht bedeuten, dass die Krankheit auf jeden Fall auftritt, es kann sein, dass man trotz der Gene einfach nie krank wird. Die Gene bilden daher zunächst nur ein Risikofaktor, dass eine Krankheit ausbrechen kann, aber eben nicht muss (Schaaf & Zschocke, 2018. S. 107 – 108).

Eine andere Art eine Krankheit zu bekommen, ist durch die eigene Persönlichkeit, nämlich durch das Verhalten.

Laut Beise, Heimes und Schwarz (2009, S. 27 – 28) gehören zu den wichtigsten Risikofaktoren, welche durch unser Verhalten verursacht werden: das Rauchen, schlechte Ernährung, chronischer Bewegungsmangel, Alkohol und Drogen, sowie Medikamentenmissbrauch.

Die World Input-Output Database [WIOD] (2020) hat eine weltweite Erhebung im Jahr 2017 zu den Todesfällen ausgewählter Risikofaktoren erhoben. Dabei zeigen sich einige Risikofaktoren, welche durch das Verhalten erzeugt werden. So sind beispielsweise am Rauchen 7,1 Millionen Menschen gestorben, an Fettleibigkeit 4,72 Millionen Menschen und am Alkoholkonsum 2,84 Millionen Menschen.

Das eigene Verhalten, bzw. die eigene Persönlichkeit ist schuld, wenn man raucht, zu viel Alkohol konsumiert oder sich schlecht ernährt und daher sind solche Krankheitsursachen vollkommen vermeidbar, sofern man sich kontrollieren kann, bzw. sich Hilfe sucht (z. B. Therapie)

Weitere Arten Krankheiten zu bekommen ist z. B. die Ansteckung durch andere Menschen (aktuelles Beispiel: Coronavirus), psychologische Erkrankungen aufgrund von traumatischen Ereignissen (z. B. Vergewaltigung) oder einem Unfall, welche einem langfristig beeinträchtigt.

Je nach Persönlichkeit informieren sich Menschen mehr oder weniger über Krankheiten, gehen an Voruntersuchungen zum Arzt und lassen sich beraten, um gar nicht erst eine Krankheit zu bekommen, bzw. früh gegen sie zu kämpfen.

Dabei gibt es Menschen, welche eher solche Informationen vermeiden und welche gezielt danach suchen, sich annähern (Wolf-Kühn & Morfeld, 2016, S.39).

Das gleiche gilt auch für die Bewältigung. Manche Menschen, welche eine Krankheit haben, versuchen alle Behandlungsmöglichkeiten zu unternehmen um wieder gesund zu werden und andere legen diese Entscheidung in Gottes Hand.

Dabei kann man auch nicht von richtig oder falsch sprechen, denn manche Menschen, z. B. Krebspatienten möchten lieber die letzten Monate oder Jahre glücklich verbringen als von Klinik zu Klinik zu rennen, um nur eventuell wieder gesund zu werden. Trotzdem sollte man dazu raten bei heilbaren Krankheiten sich behandeln zu lassen.

Aufgrund von Krankheiten kann es auch zu Persönlichkeitsveränderungen kommen. So haben viele Menschen, welche einen Schlaganfall hatten, eine Persönlichkeitsveränderung durchlebt. Sie waren depressiver, distanzierter, desinteressierter und reizbarer, bis hin zu aggressiver (Von Büdingen & Püchner, o. D.)

Es können aber auch gute Persönlichkeitsveränderungen geben. Jemand der weiß, dass er bald sterben wird, könnte offener und flexibler werden, da man noch Einiges erleben möchte und somit es nicht mehr aufschieben (planen) kann.

Aufgrund der Komplexität von Gesundheit und Krankheit entstand die Gesundheitspsychologie, welche sich mit dem Erleben von Emotionen, Verhalten, Beziehungen etc. beschäftigt. Es untersucht außerdem das Krankheitserleben, den Umgang mit Krankheiten und dessen Bewältigung (Becker, 2014, S. 23).

Selbstwirksamkeit

Wie im vorangegangenen Abschnitt bereits beschrieben, beeinflussen Persönlichkeitseigenschaften die Gesundheit und Krankheit, daher beschäftigt sich dieser Abschnitt beispielhaft mit der Selbstwirksamkeit.

Bei der Selbstwirksamkeit geht es darum seine Fähigkeiten realistisch einzuschätzen, auch aufgrund von früheren Erfahrungen, um positives Denken zu fördern. Dadurch kann man ein Ziel eher erreichen, da man sich selbstsicherer ist, dass man es auch schaffen kann. Dabei ist es wichtig anzumerken, dass Selbstwirksamkeit aus früheren Erfahrungen, aus eigener Kraft entsteht und nicht nur weil man etwas per Glück geschafft hat (Kaschek & Schumacher, 2015, S. 81 – 82; Behme-Matthiessen & Pletsch, 2020, S. 23).

Beispielsweise hat ein Vertriebsmitarbeiter eine höhere Selbstwirksamkeit, wenn er bereits zuvor positive Erfahrungen gemacht hat (Kunden gewonnen, Produkte verkauft etc.) und kann diese Selbstwirksamkeit auf neue (ähnliche) Situationen übertragen und so erfolgreicher damit umgehen.

Ein weiterer positiver Faktor aufgrund der Selbstwirksamkeit ist, dass man eher sein Ziel erreichen wird, da man sich von schlechten Ergebnissen oder schwierigen Hindernissen nicht frustrieren lässt, sondern man diese überwindet (Becker, 2019, S. 179).

Wenn sich zum Beispiel eine Person das Ziel setzt mit dem Rauchen aufzuhören wird es die anfänglichen Probleme/Störungen (die Lust zu Rauchen oder schlechte Stimmung) überwinden und nicht eben wieder anfangen zu rauchen.

Für die Gesundheitsförderung bedeutet das, dass man mit höherer Selbstwirksamkeit sich nicht machtlos gegenüber der Umwelt fühlt. Das man durchaus etwas für seine Gesundheit tun kann (Kaschek & Schumacher, 2015, S. 83).

So können Menschen, die eine hohe Selbstwirksamkeit haben mehr Sport treiben, sich besser ernähren, auf Alkohol und Rauchen verzichten, sowie sich über die Vorsorge von Krankheiten informieren.

Laut Mock (2017, S. 82) kann zum Beispiel die Selbstwirksamkeit positiv den chronischen Stress beeinflussen.

Das bedeutet, dass Personen, welche häufig gestresst sind, durch die Selbstwirksamkeit sich beruhigen können, da sie an sich glauben und die Überzeugung haben mit den Situationen zurechtzukommen. Dadurch kann sich der generelle Stress reduzieren, da man weniger Druck hat.

Handlungsempfehlungen für Führungskräfte

Selbstwirksamkeit hat gezeigt, dass es für die Gesundheitsförderung gut einsetzbar ist, aber auch Führungskräfte können die Selbstwirksamkeit ihrer Mitarbeiter besser berücksichtigen, sodass diese sich besser fühlen und produktiver sind. Daher werden nun drei Handlungsempfehlungen vorgeschlagen.

Feedback, Lob und Anerkennung, das sollten Führungskräfte ihren Mitarbeitern geben, um ihre Selbstwirksamkeit systematisch zu entwickeln (Becker, 2019, S. 157). Durch Feedback und Anerkennung werden die Mitarbeiter nämlich motivierter (Hintz & Graevenstein, 2020, S. 125).

Letztendlich bedeutet das, sich der Mitarbeiter aufgrund seiner guten Leistungen gut fühlt und wertgeschätzt wird. Er weiß, dass seine Arbeit bedeutungsvoll für das Unternehmen ist, und wird aufgrund der höheren Motivation gerne bereit sein dieselben (oder sogar höhere) Leistungen zu erbringen. Aufgrund des Lobs wird die Selbstwirksamkeit beim Mitarbeiter erhöht, sodass er sicherer ist, künftige (ähnliche) Aufgaben zu bewältigen. Sollte die Führungskraft auch negatives Feedback gut überbringen, kann der Mitarbeiter sich dies zu Herzen nehmen, es verändern und später (falls es sich verbessert hat), Lob dafür bekommen, sodass seine Selbstwirksamkeit ebenfalls gesteigert wird.

Eine andere Art die Selbstwirksamkeit zu steigern ist, sich zu überlegen, ob der Mitarbeiter die passenden Aufgaben hat, um Erfolge zu verbuchen (Becker, 2019, S. 157).

Die Führungskraft kann durch ein Gespräch herausfinden, ob der Mitarbeiter die Aufgaben für gut hält und ggf. nach Möglichkeit diese Aufgaben anpassen oder erweitern. Vor allem, wenn der Mitarbeiter bereits gelobt für seine Arbeit wurde sollte man darüber nachdenken ihm schwierigere Aufgaben zu geben, bzw. ihn zu befördern. Denn durch schwierigere Aufgaben wird er konzentrierter und motivierter arbeiten. Nach Erledigung von diesen schwierigen Aufgaben wird die Selbstwirksamkeit gesteigert, was sich wieder auf alle Bereiche des Mitarbeiters niederschlagen kann und somit effektiver für das Unternehmen einsetzbar ist.

Als letzte Handlungsempfehlung kann man vorschlagen Mitarbeiter ein Mitspracherecht bei gewissen Entscheidungen zu geben (z. B. Auswahl eines Produktdesigns) oder Ideen einzuholen für alle möglichen Bereiche (z. B. neue Idee für eine neue App). Hierdurch zeigt man dem Mitarbeiter Wertschätzung und Vertrauen in seine Fähigkeiten. Darüber hinaus sollten seine Ideen letztendlich beachten werden wird der Mitarbeiter ebenfalls selbstwirksamer und wird in Zukunft eher bereit sein seine Gedanken mitzuteilen und sich zu beteiligen.

Aus diesen Handlungsempfehlungen sieht man, dass Mitarbeiter durch die erfolgreiche Bewältigung von Aufgaben, die Anerkennung in Form von Feedback, sowie dessen Einbezug in wichtige Belange des Unternehmens ihn letztendlich selbstsicherer und motivierter machen und er somit effektiver für das Unternehmen eingesetzt werden kann.

3   HEXACO-Modell

Wie bereits Kapitel 1 gezeigt hat, sind Persönlichkeitstests gut als zusätzliches Medium für die Personalauswahl oder Personalentwicklung geeignet. Dabei stützen sich solche Persönlichkeitstests auf Persönlichkeitsmodelle, wie zum Beispiel das HEXACO-Modell, welches in diesem Kapitel näher erläutert wird. Dieses Kapitel wird außerdem verdeutlichen, welche Bedeutung das HEXACO-Modell für die Personalauswahl hat und wird dies am Beispiel des Berufs „Professor" zeigen.

Das HEXACO-Modell

Zuerst sollte man sich anschauen, wie solche Persönlichkeitsmodelle überhaupt entstehen.

Dabei verwenden Persönlichkeitsmodelle den sogenannten lexikalischen Ansatz, das bedeutet, dass man sich alle Eigenschaftswörter aus einer Sprache ansieht (in dem Fall Englisch) und diese in gewisse Bereiche einteilt, also verkürzt, sodass man keine tausenden Wörter mehr zur Beschreibung hat, sondern z. B. nur noch fünf oder sechs (Asendorpf, 2015, S. 55).

Dabei ist ein sehr bekanntes Persönlichkeitsmodell das Big Five Modell (von Costa und McCrae), welches aus den Persönlichkeitseigenschaften Offenheit gegenüber neuen Erfahrungen, Gewissenhaftigkeit, Extraversion, Verträglichkeit und Neurotizismus besteht (Asendorpf, 2015, S. 55).

Daraus abgeleitet wurde dann das HEXACO-Modell von Ashton und Lee.

Das HEXACO-Modell von Ashton und Lee besteht ebenfalls aus den fünf Persönlichkeitseigenschaften, welche bereits im Big-Five erwähnt wurden, also Emotionality (Emotionalität, wie Neurotizismus), Extraversion (Extraversion), Agreeableness (Verträglichkeit), Conscientiousness (Gewissenhaftigkeit) und Openness to Experience (Offenheit gegenüber neuen Erfahrungen. Das HEXACO-Modell nimmt nun allerdings noch eine sechste Persönlichkeitseigenschaft hinzu nämlich die Honesty-Humility (Ehrlichkeit-Bescheidenheit) (Hantoushzadeh, Shariat, Moradi, Nikobakhat & Sabzevari, 2020, S. 388; Nerdinger, Blickle & Schaper, 2019, S. 697).

Bei der Emotionalität oder Neurotizismus geht es darum, wie man seine Emotionen unter Kontrolle hat, also ob man nervös oder ängstlich ist und wie die Gefühle sich verändern. Die Extraversion beschreibt, wie gesellig eine Person ist, also ob sie offen ist mit Fremden zu sprechen oder vor einer großen Gruppe vorzutragen, die soziale Aktivität eben. Verträglichkeit sagt aus, wie eine Person mit anderen umgeht, ob sie hilfsbereit und freundlich ist. Die Gewissenhaftigkeit gibt Auskunft über die Selbstorganisation, also über Ordentlichkeit und Zuverlässigkeit, ob man sich auf die Person verlassen kann. Die Offenheit gegenüber neuen Erfahrungen kann sich in unterschiedliche Bereiche austrecken, also offen gegenüber neuen Bekannten oder Hobbys etc. mit einer Neugier die Welt entdecken (Asendorpf, 2015, S. 55; Breevaart & de Vries, 2021, S. 255).

Die sechste und charakteristische Persönlichkeitseigenschaft des HEXACO-Modells, also die Ehrlichkeit-Bescheidenheit beschreibt wie fair sich eine Person zu anderen verhält, wie ehrlich und aufrichtig eine Person ist, sowie ob sie andere Menschen manipuliert und gierig ist (Breevaart & de Vries, 2021, S. 255).

Ein Mensch hat also dann hohe Werte in Ehrlichkeit-Bescheidenheit, wenn sie nicht lügt, fair zu anderen Menschen ist, diese nicht manipuliert und auch nicht gierig ist.

Um diese Persönlichkeitseigenschaften zu messen, werden zum Beispiel Likert-Skalen verwendet. So erhält man bei einem Item (einer Frage) die Möglichkeit zwischen gar nicht (1) und voll und ganz (5) zu entscheiden, sodass es differenzierter ist als nur mit ja und nein zu antworten (Asendorpf, 2015, S. 45; Gail, Greinert & Braun, 2020, S. 140).

Das Endergebnis zeigt an, wie stark eine der Persönlichkeitseigenschaften ausgeprägt ist. Dabei haben Persönlichkeitsskalen auch immer einen Gegenpol (z. B. Extraversion – Introversion).

HEXACO-Modell in der Personalauswahl

Persönlichkeitstests, welche auf dem HEXACO-Modell basieren werden in der Personalauswahl zwar verwendet, aber wie Kapitel 1 (Persönlichkeitstest) gezeigt hat, werden solche Persönlichkeitstests eher im anglo-amerikanischen Bereich verwendet, wie die USA oder Kanada. Aber trotzdem werden sie auch immer mehr in Deutschland verwendet, auch wenn die Entwicklung hier langsam verläuft.

Das HEXACO-Modell ist natürlich darauf ausgelegt, eine Person zu den unterschiedlichen Persönlichkeitseigenschaften zu messen. Ein Unternehmen kann daraus Nutzen ziehen, um herauszufinden, ob eine Person zum Unternehmen, bzw. zum Beruf passt. Wenn beispielsweise eine Person im Vertrieb arbeiten soll, also viel Kundenkontakt hat, bietet sich die Eigenschaft „Extraversion" an oder ein Programmierer sollte die Offenheit zur neuen Hardware, Software und Programmiersprachen mitbringen. Durch Persönlichkeitseigenschaften kann man potenzielle Arbeitnehmer differenzieren, vor allem, wenn sie gleiche Qualifikationen mitbringen (gleiche Studienabschluss, Erfahrung etc.).

Trotzdem gibt es auch Kritik zu dieser Methode in der Personalauswahl, da solche Tests nicht dazu gemacht worden sind, potenzielle Arbeitnehmer zu bewerten (sondern eher für den klinischen Bereich). Außerdem gibt es einige unseriöse Testverfahren (nicht wissenschaftlich), sowie sehr teure Testverfahren, welche den Nutzen nicht widerspiegeln (Krings, 2017, S. 78).

Ein weiterer Kritikpunkt ist, dass die Testpersonen das Ergebnis verfälschen können, indem sie in dem Test absichtlich sich falsch darstellen, um in einer potenziell wichtigen Persönlichkeitseigenschaft gut abzuschneiden (Sadowski, 2014, S. 3).

So kann also eine Testperson, zum Beispiel die Persönlichkeitseigenschaft „Gewissenhaftigkeit" manipulieren und sich so im guten Licht darstellen, obwohl sie eher unzuverlässig und unordentlich ist.

Berufsbeispiel: Professor

Um das HEXACO-Modell und seine Persönlichkeitseigenschaften besser darzustellen, widmet sich dieser Abschnitt mit dem Beruf des Professors, was ein Professor für Aufgaben hat und welche Persönlichkeitseigenschaften in dem Beruf wichtig sind.

Professoren haben unterschiedliche Arbeitsfelder. Dabei ist die Lehre wohl das was jeder Student mitbekommt. Professoren halten Vorlesungen, sind Ansprechpartner für inhaltliche Fragen, bereiten eine Prüfungsform vor und bewerten letztendlich den Studenten. Außerdem betreuen sie einem bei einer Bachelor- oder Master-Prüfung.

Außer dieser Tätigkeit forschen Professoren ebenfalls. Sie forschen an unterschiedlichen Themen, wie der Grundlagenforschung oder forschen für Unternehmen aus der Region. Dabei können auch Praxisprojekte mit den Studenten entstehen. Ein Professor kann außerdem auch administrative Tätigkeiten aufnehmen, wie die Position des Dekans oder Studiengangsleiters, wo man also die Organisation- und Managementaufgaben übernimmt (Heppt, Herbst, Staudenmaier-Milutinović & Stief, 2019, S. 185 – 186).

Da man nun weiß was ein Professor macht kann man dazu die passenden Persönlichkeitseigenschaften aussuchen.

Eine Persönlichkeitseigenschaft, welche ein Professor haben sollte ist „Gewissenhaftigkeit". Das liegt daran, dass er zuverlässig sein muss, er muss die Lehre halten und somit Vorlesungen geben und diese sind nun mal zu einer gewissen Uhrzeit, wo er dann da sein sollte. Außerdem muss er Prüfungen bewerten, weshalb da ein gewisses Maß an Organisation gefordert ist, um rechtzeitig die Noten zu haben (Ende des Semesters). Diese Organisation benötigt man auch für die administrativen Aufgaben.

Für die Forschung ist es wichtig eine gewisse Offenheit zu haben, weshalb die Persönlichkeitseigenschaft „Offenheit gegenüber neuen Erfahrungen" ebenfalls wichtig ist. Bei der Forschung geht es nämlich um neue Einsichten, weshalb man hier neugierig, offen für neue Ideen und Perspektiven sein sollte.

Auch die Persönlichkeitseigenschaft „Extraversion" ist hilfreich, da ein Professor Vorlesungen vor vielen Menschen geben muss und somit in der Lage sein sollte vor ihnen sprechen zu können. Es ist allerdings keine verpflichtende Eigenschaft den das Präsentieren ist erlernbar und so kann man auch als introvertierter Vorlesungen halten, es ist allerdings leichter, wenn man extrovertiert ist.

Zu guter Letzt ist die Persönlichkeitseigenschaft „Ehrlichkeit-Bescheidenheit" auch sinnvoll, da ein Professor seine Studenten fair behandeln sollte und diese auch nicht ausnutzen sollte (bei Praxisprojekten in der Forschung).

Literaturverzeichnis

Allgemeine Ortskrankenkasse (o. D.). *Krankheit.* Zugriff am 14.07.2021. Verfügbar unter https://aok-bv.de/lexikon/k/index_00448.html

Asendorpf, J. B. (2015). *Persönlichkeitspsychologie für Bachelor.* (3.Aufl.). Berlin, Heidelberg: Springer. https://doi.org/10.1007/978-3-662-46454-0

Asendorpf, J. B. (2019). *Persönlichkeitspsychologie für Bachelor.* (4. Aufl.). Berlin, Heidelberg: Springer. https://doi.org/10.1007/978-3-662-57613-7

Barnow, S. & Miano, A. (2020). Persönlichkeitsstörung. In J. Hoyer & S. Knappe (Hrsg.), *Klinische Psychologie & Psychotherapie* (2. Aufl.). (S. 1299 – 1318). Berlin, Heidelberg: Springer. https://doi.org/10.1007/978-3-662-61814-1

Becker, B. (2014). *Praxisfelder der Differenziellen und Persönlichkeitspsychologie* (1. Aufl.). Riedlingen: Studienbrief der SRH-Fernhochschule – The Mobile University

Becker, F. (2019). *Mitarbeiter wirksam motivieren.* (1. Aufl.). Berlin, Heidelberg: Springer. https://doi.org/10.1007/978-3-662-57838-4

Behme-Matthiessen, U. & Pletsch, T. (Hrsg.). (2020). *Lehrbuch der Multifamilientherapie* (1. Aufl.). Berlin, Heidelberg: Springer. https://doi.org/10.1007/978-3-662-61196-8

Beise, U., Heimes, S. & Schwarz, W. (2009). *Gesundheits- und Krankheitslehre* (2. Aufl.). Berlin, Heidelberg: Springer. https://doi.org/10.1007/978-3-642-01315-7

Breevaart, K. & de Vries, R. E. (2021). Followers' HEXACO personality traits and preference for charismatic, relationship-oriented, and task-oriented leadership. *Journal of Psychology, 36,* S. 253 – 265. https://doi.org/10.1007/s10869-019-09671-6

Deutsche Gesellschaft für Psychiatrie, Psychotherapie und Nervenheilkunde. (2009). *Behandlungsleitlinie Persönlichkeitsstörungen.* (o. O.): Steinkopff. https://doi.org/10.1007/978-3-7985-1854-4

Döring, N. & Bortz, J. (2016). *Forschungsmethoden und Evaluation in den Sozial- und Humanwissenschaften* (5. Aufl.). Berlin, Heidelberg: Springer. https://doi.org/10.1007/978-3-642-41089-5

Franzkowiak, P. & Hurrelmann, K. (2018). *Gesundheit.* Zugriff am 13.07.2021. Verfügbar unter https://leitbegriffe.bzga.de/alphabetisches-verzeichnis/gesundheit/

Gail, K., Greinert, A. & Braun, O. L. (2020). Positive Psychologie und Präsentationskompetenz. In O. T. Braun (Hrsg.), *Positive Psychologie, Kompetenzförderung und Mentale Stärke* (S. 129 – 151). Berlin, Heidelberg: Springer. https://doi.org/10.1007/978-3-662-59665-4

Hantoushzadeh, S., Shariat, M. Moradi, R. Nikobakhat, N. & Sabzevari, F. (2020). Personality traits of volunteer females of normal vaginal delivery or cesarean section based on HEXACO's personality model: a comparison study. *Achieves of Gynecology and Obstetrics, 301*, S. 387 – 392. https://doi.org/10.1007/s00404-019-05378-4

Heppt, B., Herbst, S., Staudenmaier-Milutinović, R. & Stief, M. (2019). Berufsfelder für Forscher und Dozenten. In M. Mendius & S. Werther (Hrsg.), *Faszination Psychologie – Berufsfelder und Karrierewege* (S. 175 – 204). Berlin, Heidelberg: Springer. https://doi.org/10.1007/978-3-662-56832-3

Hintz, A. J. & Graevenstein, J. (2020). *Erfolgreiche Mitarbeiterführung durch soziale Kompetenz* (5. Aufl.). Wiesbaden: Springer.

Kaschek, B. & Schumacher, I. (2015). *Führungspersönlichkeiten und ihre Erfolgsgeheimnisse.* (1. Aufl.). Wiesbaden: Springer. https://doi.org/10.1007/978-3-658-04434-3

Knappe, S. & Wittchen H.-U. (2020). Diagnostische Klassifikation psychischer Störungen. In J. Hoyer & S. Knappe (Hrsg.), *Klinische Psychologie & Psychotherapie* (2. Aufl.). (S. 29 – 56). Berlin, Heidelberg: Springer. https://doi.org/10.1007/978-3-662-61814-1

Krings, T. (2017). *Erfolgsfaktoren effektiver Personalauswahl.* Wiesbaden: Springer. https://doi.org/10.1007/978-3-658-16456-0

Lammers, C.-H., Vater, A. & Roepke, S. (2013). Narzisstische Persönlichkeitsstörung. *Der Nervenarzt, 84,* S. 879 – 888. https://doi.org/10.1007/s00115-013-3772-1

Lorenz, M. & Rohrschneider, U. (2015). *Erfolgreiche Personalauswahl* (2. Aufl.). Wiesbaden: Springer. https://doi.org/10.1007/978-3-8349-4766-6

Melchers, K. G. (2017). Qualität der Personalauswahl. In D. E. Krause (Hrsg.), *Personalauswahl* (S. 57 – 70). Wiesbaden: Springer. https://doi.org/10.1007/978-3-658-14567-5

Mock, T. (2017). *Gesundheitsmanagement für Unternehmensberatungen.* (1. Aufl.). Wiesbaden: Springer. https://doi.org/10.1007/978-3-658-18183-3

Moosbrugger, H. & Kelava, A. (Hrsg.). (2020). *Testtheorie und Fragebogenkonstruktion* (3. Aufl.). Berlin, Heidelberg: Springer. https://doi.org/10.1007/978-3-662-61532-4

Nerdinger, F. W., Blickle, G. & Schaper, N. (2019). *Arbeits- und Organisationspsychologie* (4. Aufl.). Berlin, Heidelberg: Springer. https://doi.org/10.1007/978-3-662-56666-4

Prölß, A., Schnell, T. & Koch, L. J. (2019). *Psychische StörungsBILDER*. (1. Aufl.). Berlin, Heidelberg: Springer. https://doi.org/10.1007/978-3-662-58288-6

Sadowski, H. (2014). *Entwicklung eines forced-choice Verfahrens für das HEXACO Persönlichkeitsmodell* (Diplomarbeit, Differentielle Psychologie) Graz: Karl-Franzens Universität Graz. https://unipub.uni-graz.at/obvugrhs/content/titleinfo/463768/full.pdf

Schaaf, C. P. & Zschocke, J. (2018). *Basiswissen Humangenetik*. (3. Aufl.). Berlin, Heidelberg: Springer. https://doi.org/10.1007/978-3-662-56147-8

Schwaighofer, M., Heene, M. & Bühner, M. (2019). Grundlagen und Kriterien der Diagnostik. In D. Urhahne, M. Dresel & F. Fischer (Hrsg.), *Psychologie für den Lehrberuf* (S. 471 – 491). Berlin, Heidelberg: Wiesbaden. https://doi.org/10.1007/978-3-662-55754-9

Staufenbiel Institut. (2016). *Welche Bewerberauswahlverfahren favorisiert Ihr Unternehmen?* Zugriff am 10.07.2021. Verfügbar unter https://de.statista.com/statistik/daten/studie/409381/umfrage/auswahlverfahren-deutscher-unternehmen-bei-bewerbung-von-akademikern/

Steiniger, T. (2020). *Der Einsatz psychologischer Testverfahren in Unternehmen* (1. Aufl.). Wiesbaden: Springer. https://doi.org/10.1007/978-3-658-28462-6

Von Büdingen, H. J. & Püchner, K. (o. D.). *Persönlichkeitsveränderung nach einem Schlaganfall*. Zugriff am 14.07.2021. Verfügbar unter https://schlaganfallbegleitung.de/folgen/persoenlichkeitsveraenderung

Wolf-Kühn, N. & Morfeld, M. (2016). *Rehabilitationspsychologie*. (1. Aufl.). Wiesbaden: Springer. https://doi.org/10.1007/978-3-531-93133-3

World Health Organization. (1948). *Verfassung der Weltgesundheitsorganisation*. Zugriff am 13.07.2021. Verfügbar unter https://fedlex.data.admin.ch/filestore/fedlex.data.admin.ch/eli/cc/1948/1015_1002_976/20200706/de/pdf-a/fedlex-data-admin-ch-eli-cc-1948-1015_1002_976-20200706-de-pdf-a.pdf

World Input-Output Database. (2020). *Anzahl Todesfälle weltweit in Folge ausgewählter Risikofaktoren im Jahr 2017*. Zugriff am 14.07.2021. Verfügbar unter https://de.statista.com/statistik/daten/studie/1172006/umfrage/todesfaelle-weltweit-aufgrund-ausgewaehlter-risikofaktoren/